RECVEIL
DE
POËSIES
DE MADEMOISELLE
DESIARDINS.

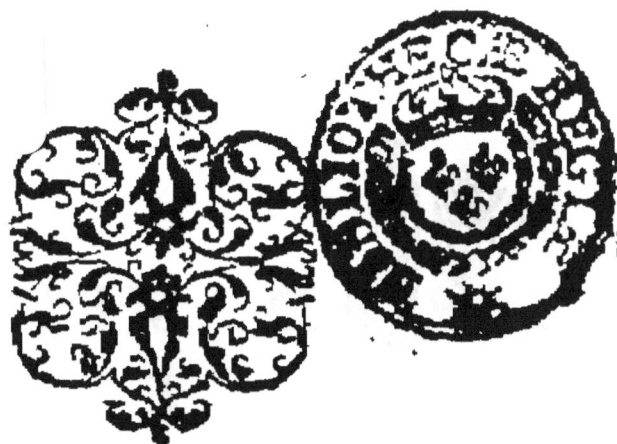

A PARIS.
Chez GLAVDE BARBIN, dans la
Grand'Salle du Palais, au Signe
de la Croix.

M. DC. LXII.
AVEC PRIVILEGE DV ROY.

A MADAME

MADAME
LA DVCHESSE
MAZARIN.

MADAME,

Il y à long-temps que les emi-
nentes qualités de feu Monsei-

gneur le Cardinal m'auoyent inspiré le desir d'offrir quelques fleurs du Parnasse à celuy qui en meritoit toutes les Couronnes. Mais, Madame, la ieunesse de ma Muse la rendoit timide : elle n'osoit entreprendre de voler auec des ailes naissantes, iusques au degré de gloire où la vertu de ce grand Homme l'auoit éleué. Ie croy mesme que cette timidité m'auroit obligée à garder éternellement le silence, si le Ciel pour fauoriser mon zele, n'auoit fait changer de sexe aux vertus de ce Ministre incomparable. Cette douceur qui vous est si naturelle, m'a fait esperer de rencontrer en

vous, vn peu d'indulgence pour
ces premiers essais de ma plume:
& c'est sur la confiance que i'ay en
vostre bonté, que ie prends la liberté de vous les presenter. Vne
forte inclination à la Poësie, m'a
fait produire ces vers, plutost que
l'art & l'experience. Ie sçay bien
qu'ils ne sont pas assez polis, pour
estre exposez à la veuë de la digne heritiere du nom & des vertus
de Grand Cardinal Mazarin :
Mais, Madame,

Quand ce hardy dessein pa-
    roistroit temeraire,
Ma Muse aura tousiours vn
Destin glorieux:

Car lors qu'on a conceû le
    desir de vous plaire,
On ne peut tomber que des
    Cieux.

Cette pensée m'a rendu si am-
bitieuse, que malgré la crainte &
le respect, que vos incomparables
perfections me deuoient donner,
i'ay bien osé prendre la liberté de
vous faire entendre quelques vnes
de mes chansons.

Leurs airs n'egalent pas ces
    merueilleux accens,
Qui font aux grands Au-
    theurs meriter de l'encens:
Ce n'est pas aux simples mu-
    settes,

A celebrer & la guerre, & la
 Cour:
Et mes champeſtres chan-
 ſonnettes,
N'oſeroient parler que d'a-
 mour.

Souffrez donc, s'il vous plaiſt,
Madame, que mes Bergers ne
vous entretiennent que de cette
paſſion, & qu'ils taſchent à vous
faire voir, que la Diuinité des
Amans eſt quelque-fois auſſi pa-
rée auec vne houlette, qu'auec
vn Sceptre:

Que veſtu de cette manie-
 re,

L'amour n'en fait pas moins
reconnoiſtre ſes loix:
Qu'il cache dans ſa pane-
tiere,
Les plusdangereux traits qui
ſoient dans ſon carquois:
Que ſouuent ſous l'habit
champeſtre,
Il s'eſt aſſujetty des Princes
& des Roys:
Et que iamais ce Dieu ne ſe
fait mieux connoiſtre,
Que parmy les rochers, les
antres, & les bois.

On aura certainement de la
peine à vous perſuader cette
verité, & apres auoir trou-

ué l'amour si chaɪmant sous
la figure de l'illuſtre Epoux que
le Ciel vous a donné, il ſera
difficile de vous faire croire qu'il
puiſſe eſtre agreable ſous vne
autre forme. Mais le Mir-
the eſt quelques-fois auſſi
propre à faire des Couronnes,
que le Laurier, & ce merueil-
leux Epoux, que les vertus des
Conquerans rendroient ſi bril-
lant, ſi nous auions la guerre, ne
perdra point ſes appas, s'il prend
la houlette pendant la paix. Pour
vous, Madame, vous eſtes
obligée à aimer les diuertiſſemens
pacifiques, puis que la paix dont

nous ioüissons, est le fruict des trauaux de cet Oncle admirable ; que la France regrettera à iamais, & que c'est par cette action si heroique, qu'il a merité principalement l'amour & la veneration de toute l'Europe. Ainsi, Madame, i'ose esperer que tous tranquilles que sont mes innocens Bergers, ils ne laisseront pas de vous estre agreables ; & qu'ils auront assez de bon-heur, pour m'obtenir la permission de vous consacrer quelque iour des ouurages plus acheuez, où pour mieux dire, moins indignes d'accompagner le sincere adueu que

ie fais, de la forte passion auec
laquelle ie suis,

MADAME,

Voſtre tres-humble, & tres-
obeïſſante ſeruante,
DESIARDINS.

SVR LA MORT

DE

MONSEIGNEVR

LE CARDINAL

MAZARINI

SONNET.

IOignez, peuples, ioignez vos cris à
voſtre effroy :
Le grand IVLE n'eſt plus: ſes vertus &
la gloire,
Qui feront à iamais reuiure ſa memoi-
re,
N'ont pû le garantir de la commune
loy.

Il estoit icy bas seul comparable à
soy:
Il nous donna la Paix au champ de la
victoire :
Il meurt pour acheuer sa glorieuse hi-
stoire ,
Accablé des trauaux qu'il souffrit pour
son Roy.

Apres tant de hauts faits & de paix &
de guerre ,
Qu'auroit-il esperé de l'infertille terre ?
N'auoit-il pas de gloire épuisé ces bas
lieux ?

Mortels, nostre indigeance a causé cette perte :
IVLE est allé chercher sa Palme dans
les Cieux,
N'en voyant plus icy qui luy pust estre
offerte.

A
CLIDAMIS.

EGLOGVE I.

 Nfin, cher Clidamis, l'amour
vous importune :
Vous suiuez le party de l'a-
ueugle fortune.

L'exemple des mortels, qu'elle a pre-
cipitez

Du supreme degré de leurs prosperi-
tez ;

Des Thrônes renuersez, des nations
éteintes ,

Qui troublent l'Vniuers par leurs trop
iustes plaintes ;

La foule des Heros qu'elle traine au
    cercueil,

N'ont pû vous garentir de ce funeste
    écueil.

Pour elle vous quittez noftre innocen-
    te vie,

Qui de tant de douceurs auoit efté
    fuiuie :

Pour elle vous quittez ce paifible
    fejour,

Où regnent pour iamais l'innocence
    & l'amour.

Le defir des grandeurs étouffe voftre
    flame,

La Cour & fes appas me chaffent de
    voftre ame :

Ma cabane n'eft plus digne de vous
    loger,

Vous eftes Courtifan, & n'eftes plus
    Berger.

Hé bien ! cher Clidamis, fuiuez voftre
    genie,

Acquerez, s'il fe peut, vne gloire in-
    finie :

I'y confens, i'y confens ; mes amou-
    reux foûpirs

Ne troubleront iamais vos fastueux
  plaisirs

Qu'vn éternel oubly soit le prix de
  mes peines,

Renoncez à mon cœur pour des chi-
  meres vaines ;

A de lasches deuoirs sacrifiez des
  iours,

Dont les mains de l'Amour deuoient
  filer le cours :

Malgré tant de sermens soyez traistre
  & pariure,

Ie souffriray mes maux sans plainte &
  sans murmure.

C'est vn foible secours que des emportemens,

Et vous serez puny par vos propres
  tourmens.

Pour moy dans vn desert exempte
  du naufrage,

Ie vous contempleray dans le fort de
  l'orage :

Et peut estre qu'vn iour de ce tranquille port,

Ie vous verray l'obiet des caprices du
  sort :

B

De là ie vous verray fur la mouuante
   rouë,

Tantoft au firmament, & tantoft dans
   la bouë.

L'aueugle Deïté dont vous fuiuez le
   char,

Seme indifferemment fes faueurs au
   hazard :

Son inconftante humeur ne peut eftre
   arreftée :

Ie la connois, Berger, pour vous ie
   l'ay quittée :

Ie fçay trop de quels biens elle peut
   nous combler,

Et que c'eft dans fes bras qu'on doit le
   plus trembler.

Quand des fiecles entiers de tourmens
   & de peines,

Vous auront rebuté de vos pourfuites
   vaines,

Et que vous trouuerez que des mal-
   heurs nouueaux

Seront l'vnique fruit de tous ces longs
   trauaux ;

Peut-eftre, Clidamis, que mon fimple hermitage

Ne vous paroiftra plus vn fi mefchant
   partage :

Vous connoiftrez alors, que nos prez
   & nos bois,

Sont vn plus doux fejour que les Palais des Rois :

Et rappellant enfin dedans voftre me-
   moire,

De nos tendres plaifirs la bien-heureu-
   fe hiftoire,

Vous direz, mais trop tard, qu'ils font
   plus precieux

Que l'éclat deceuant qui s'eftalle à
   vos yeux.

Tous les foins font bannis des demeu-
   res champeftres,

On y vit fans fubjets, mais on y vit
   fans maiftres :

C'eft le fejour heureux du veritable
   amour,

L'afyle des plaifirs qu'on bannit de la
   Cour :

Et l'amour qui cherit l'ombre & la folitude,

Vous abandonnera parmy la multi-
   tude :

Ne le cherchez iamais fous les lambris
	dorez,

La fortune & l'amour ont leurs droits
	feparez :

Où l'vne veut regner, il faut que l'au-
	tre cede.

Hé! quelle eft donc helas ! l'amour qui
	vous poffede ?

Pourquoy vouloir quitter vn Maiftre
	fi charmant,

Qui pour vous rendre heureux, vous
	auoit fait Amant ?

Ah ! reuenez à moy, fongez que ie
	vous ayme,

Ou plutoft, Clidamis, reuenez à vous
	mefme :

De voftre propre cœur écoutez mieux
	la voix,

Confultez le Berger pour la derniere
	fois.

Cet aymable captif auoit trop de ten-
	dreffe,

Pour ceder aux appas d'vne aueugle
	Deeffe :

Il eft né pour auoir vn plus illuftre ap-
	puy,

Et le Deſtin n'a point d'eſclaues tels
que luy.

EGLOGVE II.

Dans vn charmant pays éloigné de
    la Cour,
Dans vn beau lieu planté par les mains
    dé l Amour:
Où l'on voit vn torrent par ſa cheute
    rapide,
Applanir des rochers la verte pyrami-
    de,
Et creuſer vn chemin pour ſe preci-
    piter ,
Sur vn ſuperbe mont qui veut luy re-
    ſiſter ;
Et puis tout glorieux d'vne telle dé-
    poüille,
Appaiſer ſa fureur ſur les coſteaux qu'il
    moüille ;
Et laiſſer écouler ſes boüilſonnantes
    eaux,

Dans vn bois de sapins en mille clairs
ruisseaux.

Dans ce bocage épais reigne vne
paix profonde,

Que ne troubla iamais le tumulte du
monde :

Là les mornes hiboux n'oseroient se
nichér,

Et les cruels corbeaux n'oseroient se
percher :

Là peut en sureté demeurer la Bergere,

Sans craindre la fureur de la Louue
en colere :

Là ne se vit iamais de Satyre inso-
lent :

Et l'on void tous les iours d'vn pas
tranquille & lent,

Les innocens agneaux quitter la Ber-
gerie,

Sans des loups acharnez craindre la
barbarie :

L'Amour en a banny ces affreux ani-
maux.

Et la douceur de l'air, le murmure des
eaux,

Des Cedres & des Pins la fraifcheur &
  l'ombrage,
Des charmans Roffignols l'agreable
  ramage,
Le fouffle des Zephirs, les Echos d'a-
  lentour,
Les arbres & les fleurs, tout infpire
  l'amour.
Que l'on viuroit content dans cette
  aymable terre,
Si cette paffion n'y faifoit point la
  guerre !
Dans ce lieu feulement on pourroit
  eftre heureux,
Si l'on n'y fentoit point les tourmens
  amoureux.
Mais helas ! de ce Dieu la puiffance fu-
  prême,
Fait dire dans ces bois, Ie meurs &
  ie vous ayme :
On y veille la nuit, on y refve le
  iour,
Tout y connoift enfin le pouuoir de
  l'Amour.
Mais entre les Bergers qui luy rendent
  hommage,

Licydas

Licydas le plaiſir & l'honneur du Boc-
	cage,

Licydas que Venus euſt fait gloire
	d'aimer,

Et que Venus pourtant n'euſt iamais
	pû charmer;

Licydas cét Amant ſi tendre & ſi fi-
	delle,

Accablé par l'excez d'vne douleur
	mortelle,

Exprimoit par ces vers ſes mouuemens
	ialoux,

A l'ingratte Beauté dont il ſentoit les
	coups.

Adieu (luy diſoit-il) adorable Celie,
Voſtre infidelité me priue de la vie :

Et puis que ce moment me conduit à
	la mort,

Ie ne dois l'employer qu'à deplorer
	mon ſort.

Ecoutez mon tourment, trop ayma-
	ble infidelle,

Et fuſſiez vous encor mille fois plus
	cruelle,

Sur le tendre recit de mes longues
	douleurs,

Vos yeux seront forcez à repandre des
　　pleurs.

Ce discours qui iadis eust charmé la
　　Bergere,

Trouble alors le repos de son ame
　　legere :

Elle ne connoist plus le fidelle Ber-
　　ger,

Et depuis que l'ingrate auoit pû le
　　changer,

Tout ce qu'il possedoit de charmant
　　& d'aimable,

Paroissoit à ses yeux vn obiet effroya-
　　ble.

Elle ne pût souffrir vn discours si pres-
　　sant,

Et lançant au Berger vn regard me-
　　naçant :

Cesse, cesse (dit-elle) vn discours qui
　　m'outrage,

Ie ne puis, ô Berger ! t'écouter d'auan-
　　tage :

Ie ne t'ay point donné ny retiré mon
　　cœur,

Ie n'eus iamais pour toy ny bonté
　　ny rigueur:

Si vous auiez paru touſiours inexora-
　ble,

On ne me verroit pas auiourd'huy mi-
　ſerable,

(Reprit-il) & i'aurois pour addoucir
　mon ſort,

Euité vos beaux yeux, ou recherché la
　mort.

Mais par l'appas flatteur de mille bon-
　tez feintes,

Vous fiſtes à mes nœuds de plus for-
　tes eſtreintes.

Ne vous ſouuient-il plus de ce bien-
　heureux iour,

Où le viſible effet du pouuoir de l'A-
　mour,

Vous fit voir malgré moy iuſqu'au
　fonds de mon ame,

Ce qu'vn iuſte reſpeȼt vous cachoit
　de ma flame ?

Ceſſe (me dites-vous) d'eſtouffer tes
　ſoupirs,

En vain tu veux cacher tes amoureux
　deſirs :

Si l'excez du reſpeȼt a retenu ta lan-
　gue,

L'amour a pris le soin de faire ta ha-
	rangue :

Et cét éloquent Dieu s'en acquitte ſi
	bien,

Que ie reçois ton cœur, & te promets
	le mien.

Vous m'auez commandé depuis cette
	promeſſe,

De vous donner le nom de ma belle
	maiſtreſſe :

Lors que ie m'abſentois quelque-fois
	du hameau,

Vous auiez la bonté de garder mon
	troupeau :

Et ie fus ſi heureux qu'à la derniere
	Feſte,

Vous ornaſtes de fleurs ma houlette
	& ma teſte.

Depuis ce doux moment qu'ay-ie fait
	contre vous,

Qui puiſſe meriter voſtre iniuſte cou-
	roux ?

Ha ! vous ſçauez trop bien quelle eſt
	mon innocence,

Mais Tirenne vous plaiſt, & voilà
	mon offence :

Voftre nouuelle amour pour cet heureux Berger,

M'a rendu criminel en vous faifant
changer.

Hé bien, ie fouffriray le plus cruel fup-
plice,

Sans iamais murmurer d'vne telle in-
iuftice:

Mais, auoüez au moins, ingratte, apres
ma mort,

Que mon feu meritoit vn plus illuftre
fort.

Le trifte Licydas finit ainfi fa plainte:

Les Dryades des bois en eurent l'ame
atteinte,

Cent fois dans fon rocher Echo la
repeta,

Le Soleil pour l'entendre en ce lieu
s'arrefta :

Il rauit les Syluains par fa douce har-
monie,

Et tout en fut touché, hors l'ingratte
Celie.

C iij

EGLOGVE III.

TOy qui ne fus iamais sensible
qu'à la gloire,
Toy dont la cruauté presente à ma me-
moire,
Du fidelle Tyrcis le funeste transport,
Et de tant de Bergers la déplorable
mort:
Cede superbe cœur, il est temps de se
rendre,
En vain par ton orgueil tu pretens te
deffendre:
Ie ne reconnois plus cette noble fierté,
A qui ie deûstousiours ma chere liberté.
Diuines qualitez si long-temps conser-
uées,

Enfin par Clidamis vous m'eftes enle-
uées :

Il faut vous immoler au pouuoir de l'A-
mour,

Il eft temps de ceder, & voila voftre
iour.

Que Clidamis eft beau! que fa grace eft
extreme !

Que fon tranfport me plaift, quand il
prononce, i'ayme !

Mais pour rendre ce mot encor cent
fois plus doux,

Quel ne dit-il auffi, Philimeine c'eft
vous?

Ha ! bons Dieux ! quel bon-heur pour
mon ame enflamée,

Si de ce beau Berger ie me puis voir ai-
mée ?

Nos deux cœurs n'auront plus que les
mefmes defirs,

Nos ames goufteront mille innocens
plaifirs,

Loing du monde & du bruit, fans nulle inquietude :

En gardant nos troupeaux dans quelque folitude,

Aſſis negligeamment aux bords des
  clairs ruiſſeaux ,

Nous mêlerons nos voix au doux chant
  des oyſeaux.

Sans ceſſe les Echos porteront dans la
  plaine,

Le nom de Clidamis & de ſa Philimeine:

Les Cedres & les Pins de ces boccages
  verts,

Seront grauez par nous de cent chiffres
  diuers :

On verra ces témoins de nos ardentes
  flammes,

Et les ſeuls confidens du ſecret de nos
  ames,

Preſeruez par l'amour des iniures du
  temps,

Conſeruer dans les Cieux vn éternel
  prin-temps,

Et pour ſeruir toûiours à l'amoureux
  myſtere ,

Egaler en beautez les foreſts de Cythe-
  re:

Nous paſſerons nos iours ſans crainte
  & ſans ennuy,

Il n'aimera que moy, ie n'aimeray que
   luy:

Sans cesse on nous verra dire sur la fou-
   gere :

M'aimes-tu, mon Berger? m'aimes-tu,
   ma Bergere,

Pour mettre la raison d'accord auec nos
   sens,

La vertu reglera nos plaisirs innocens :

Il chantera mon nom sur sa douce mu-
   sette,

Ie graueray le sien du fer de ma houlette.

Le plaisir de nous vo. r dans quelqu'aimable bois,

Nous ostera souuent l'vsage de la
   voix :

D'vn amoureux transport la douce
   violence,

Nous retiendra tous deux dans vn pro-
   fond silence:

Nos deux cœurs enflammez parleront
   par nos yeux:

Clidamis mon Berger, peut - on s'expliquer mieux?

Dans cet heureux moment on rougit,
  on soûpire,
On demeure muët pour auoir trop à
  dire :
Helas ! qu'il est charmant ce muët en-
  tretien !
Et qu'on est eloquent, lors qu'on ne &
  dit rien!

EGLOGVE IV.

Dans vn lieu que la Seine embellit
    de son cours,
Dans de plaisans hameaux où l'on voit
    tous les iours,
Cent fidelles Bergers aux pieds de
    leurs Bergeres,
Rendre les Lisialoux du bon-heur des
    fougeres,
Et montrer que les ieux, les graces &
    l'amour,
Se trouuent dans les bois plus souuent
    qu'à la Cour.
Dans ce charmant sciour tout inspire
    la ioye,
Vne ame à cent plaisirs se peut donner
    en proye:
Et le Ciel liberal y verse à pleines
    mains,

Tout ce qui peut iamais rendre heureux les humains.

Le Berger Lycidas accablé de souffran-
  ce,

Pâle, morne & trancy, dans vn pro-
  fond silence,

Trouble seul les plaisirs de ces charmans hameaux,

Et fait cesser le chant des plus doux
  chalumeaux.

Chacun dans sa douleur prend part,&
  s'interesse :

Chacun veut l'obliger de vaincre sa tri-
  stesse :

On inuente pour luy mille noueaux
  plaisirs,

Mais rien n'a le pouuoir de flatter ses
  desirs.

Il n'est dans le hameau si cruelle Bergere,

Qui n'ait cent fois tenté de finir sa misere,

Qui ne laisse mourir Licydas à re-
  gret,

Et n'en fasse à ses yeux vn reproche secret.

Pour rendre leurs attraits les autheurs
de ses peines,

Toutes ont consulté le crystal des fon-
taines,

Toutes ont releué l'eclat de leurs appas,

Mais rien ne peut toucher le cœur de
Lycidas:

Et depuis que Philis brisa ces nœuds de
flames,

Qui sembloient si long-temps deuoir
ioindre leurs ames,

Son cœur qui fut trahy, ne veut plus
consentir,

A se voir par l'amour encore assuiet-
tir.

Il sçait que ses presens sont des biens
peu durables,

Que s'il fait vn heureux, il fait cent mi-
serables:

Que de mille douleurs les Amans sont
remplis,

Et qu'il est icy bas bien plus d'vne Philis.

Il souffre toutes-fois vne douleur extreme,

Ses yeux sont languissans, & son visage
    bléme,

Il pousse des sanglots, il resue tout le
    iour,

Hé! ne sont-ce pas là des effects de l'a-
    mour?

Et n'est-ce pas ainsi qu'vn amant qui
    souspire,

Doit exprimer l'excez de son cruel
    martyre?

Que pourroit-il sentir, s'il n'est point
    amoureux?

Et qui peut que l'amour, le rendre mal-
    heureux?

Il a tousiours passé son innocente
    vie,

Sans desir des grandeurs, sans remors,
    sans enuie:

Vn troupeau fait l'obiet de son ambi-
    tion;

Et plaire à sa Philis, toute sa pas-
    sion.

Ce tumulte importun qui suit la Cour
    des Princes,

Cét aueugle desir de gaigner des Pro-
    uinces,

Qui fait à nos Heros tant courir de
dangers,

Ne trouble point l'esprit des paisibles
Bergers:

Ils passent tous leurs iours en de galan-
tes festes,

A des cœurs innocens ils bornent leurs
conquestes :

Et de ces passions qui reignent à la
Cour ,

Ils n'en connoissent point que celle de
l'amour.

L'amour seul fait leurs biens , l'amour
fait leurs supplices:

Plaire ou ne plaire pas , leurs maux ou
leurs delices.

Tout agit par l'Amour dans ces aima-
bles lieux,

Et l'Amour y tient lieu de tous les autres Dieux.

O toy pauure Berger ! quelles sont tes
miseres,

Méprisant les attraits des plus belles
Bergeres?

Tu ressens tous les maux que souffrent
les amans,

Sans prendre aucune part à leurs contentemens:

D'vn tourment exceſſif tu ſens la violence,

Sans gouſter les douceurs que donne
l'eſperance.

Comment faire ceſſer tes cruels deſ-
plaiſirs,

Si l'on ne peut ſçauoir d'où naiſſen ttes
ſoûpirs?

Meurs; de tous les moyens c'eſt le ſeul
qui te reſte:

Et ta mortſeruira d'vn exemple fune-
ſte,

Que parmy les Bergers le mal le plus
preſſant,

C'eſt de ſouffrir beaucoup ſans dire ce
qu'on ſent.

EGLOGVE V.

SOlitaires deserts, & vous sombres
   allées,

A la clarté du iour presque tousiours
   voilées:

Parterres émaillez, clairs & bruyans
   ruisseaux :

Boccages où l'on voit mille charmants
   oiseaux,

D'vn harmonieux chant diuertir les
   Dryades,

Et d'vn bec amoureux caresser les
   Nayades:

Lieux qui futes souuent tesmoins de
   mon bon-heur ,

Soyez-le maintenant de ma iuste douleur.

Ie ne viens plus icy le cœur plein d'al-
   legresse,

Pour demander l'obiet de toute ma
   tendresse:

D

Et du bruit de son nom incessamment
  troubler,

Les Palais resonnans de la Fille de
  l'air.

Ie viens l'esprit remply de mortelles
  alarmes,

Le cœur gros de soûpirs, & les yeux
  pleins de larmes,

Vous montrer en Philis par vn triste
  retour,

Les funestes debris d'vne constante
  amour.

Hostesses de ces lieux, Diuinitez cham-
  pestres,

Qui m'auez veu cent fois à l'ombre de
  vos hestres,

Gouster tranquillement les douceurs
  de mon sort,

Auriez vous bien preueu mes douleurs
  & ma mort ?

Qui vous eust dit alors, que le traistre
  Tircine

Briseroit quelque iour nostre commune chaîne,

Que Philis de son cœur se verroit effa-
  cer,

Saintes Diuinitez l'auriez vous pû pen-
ser?

Quand mes iustes soupçons me don-
noient quelqu'atteinte,

Banissez (disoit-il) banissez cette crainte,

Cessez de faire tort à vos diuins appas,

Ha! ie vous aimeray mesme apres le
trepas :

La Parque ne peut rien sur mon amour
extreme ,

Ne viuant plus en moy , ie viurois en
mesme :

Et la terre & les Cieux se ioindroient
aux Enfers,

Pour esteindre mes feux & pour briser
mes fers;

Que pour me conseruer fidelle à ma
Bergere,

Seul ie resisterois à toute leur colere.

Helas! que ne peut point vn aimable
imposteur ,

Quand l'Amour l'a rendu le plus fort
dans vn cœur?

Ces mots seuls remettoient le calme
    dans mon ame,
Et le plus grand des Dieux m'auroit,
    offert sa flame,
Qu'apres vn tel discours ie l'aurois ne-
    gligé:
Et cependant, de fers, le pariure a chan-
    gé.
Puissantes Deitez qui gouuernez la ter-
    re,
Monarque souuerain qui lancez le
    Tonnerre,
Pour qui reseruez vous vos iustes cha-
    stimens,
Si vous laissez en paix les perfides
    amans?
Quoy! tous les criminels seront reduits
    en poudre,
Et les pariures seuls euiteront la fou-
    dre?
Quoy! pour les Ixions, pour les ambi-
    tieux,
Il sera des Enfers, des Iuges & des
    Dieux;
Et pour les traistres seuls il n'est point
    de suplice?

Ha ! que fait , Immortels , que fait voftre iuftice ?

Pourquoy ne pas monftrer à qui l'oze
offencer,

Que vous fçauez punir comme recom-
penfer ,

Qu'on reffent toft ou tard l'effet de vos
menaces;

Et que fi mon ingrat abufe de vos graces,

Vous luy ferez fentir voftre iufte courroux,

Et vengerez fur luy Philis, l'Amour &
vous ?

Mais où m'emportez vous , tragique
réuerie ?

Qu'ofez-vous demander, indifcrette
furie ?

Tircine contre qui vous implorez les
Dieux,

N'eft-il pas ce Berger fi charmant à
mes yeux ?

Quoy donc ? vous demandez les plus
cruels fuplices,

Pour Tircine l'objet de mes cheres delices ;

Tireine mes amours, Tireine mon
    Berger?

Non, non, que cét ingrat soit pariure
    & leger,

Qu'il ait manqué de foy, qu'il merite
    ma haine,

Qu'il soit lasche & trompeur, il est
    tousiours Tireine:

Et mon cœur amoureux bien loin de
    le hayr,

Semble d'intelligence à se laisser tra-
    hir.

Qu'il viue donc: grands Dieux, par-
    donnez luy son crime:

Et si pour l'expier il faut vne Victi-
    me,

'Appaisez sur Philis vostre iuste cou-
    roux:

Prenez, prenez mon cœur pour l'ob-
    iect de vos coups:

Vous pouuez le punir sans faire vne
    iniustice,

Il fut de tous mes maux l'autheur ou
    le complice:

Le credule qu'il est ayma trop forte-
    ment,

Et fut trop toſt ſoûmis par vn perfide
amant :

Il deuoit ſe choiſir de plus illuſtres
chaines :

Par ſa foibleſſe helas ! il merita ſes
peines.

Faites luy donc ſentir le barbare pouuoir,

Des coups empoiſonnez qu'il voulut
receuoir.

ELEGIE I.

PRincipe souuerain de tout ce qui
respire,
Imperieux Tyran dont ie cheris l'empire,
Seule Diuinité des fidelles Amans,
Autheur de tous nos biens comme de
nos tourmens,
Adorable Vainqueur des plus illustres
ames,
- Pere de nos desirs, viue source de
flames,
Enfant à qui les Dieux ne peuuent re-
sister,
Amour, n'es-tu point las de me per-
secuter?
Pour qui sont reseruez tes biens & tes
delices,

Si tu

Si tu n'as pour mon cœur qu'horreurs
   & que supplices?

Pour ce cœur qui sentit tes feux & tes
   tourmens,

Auant que de sentir ses propres mouuemens.

A des maux inconnus tu le liurois en
   proye,

Auant qu'il pust gouster le plaisir ny la
   ioye :

Par le decret fatal d'vne immuable
   loy,

Auant qu'estre à luy mesme, il estoit
   tout à toy :

Et le secret instinct qui t'en rendit le
   maistre,

Le fit te pratiquer auant que te connoistre.

Oüy ie sentois, Amour, ces tendres
   mouuemens,

Ces amoureux transports, ces doux
   emportemens,

Ces secrettes langueurs, ces desirs, ces
   allarmes,

Tout ce qu'on sent enfin quand on te
   rend les armes :

E

Sans sçauoir d'où naissoient tant de
     maux si pressans,
Qui troubloient mon esprit & sedui-
     soient mes sens.
Et lors-que les appas du trop charmant
     Tircine,
Me firent deuiner le suiet de ma pei-
     ne,
Bien loin de murmurer de cette trahi-
     son,
Ie benissois la main qui fermoit ma pri-
     son:
Ie trouuois de l'honneur à me voir
     asseruie,
I'eusse achepté mes fers aux despens de
     ma vie:
Plus mon cœur en portoit, plus il en de-
     siroit;
Quand tu le soulageois, l'innocent
     murmuroit:
Et ie disois souuent au fort de ma mi-
     sere,
Redouble, Amour, redouble vne pei-
     -ne si chere;
Et si ce n'est assez d'vn cœur pour t'a-
     dorer,

l'en voudrois auoir cent pour te les
 confacrer.

Helas! tant de refpect & tant de confiance,

Deuoient-ils m'attirer ta haine & ta
 vengeance?

Et falloit-il traitter comme tes ennemis,

Vn cœur, vn foible cœur, fi tendre &
 fi foûmis?

Pourquoy l'embrafois-tu d'vne flame
 fi pure,

Pour vn perfide Amant, infidelle &
 pariure?

S'il deuoit eftre ingrat, que n'eftoit il
 hay?

S'il deuoit eftre aymé, pourquoy m'a-
 t'il trahy?

Que n'eftoit-il le but des coups de la
 fortune,

Si fa felicité l'endort & l'importu-
 tune?

Et pourquoy luy donner pouuoir de
 me charmer,

S'il deuoit fe laffer de fe voir trop aymer?

E ij

Quoy? pour moy seulle, Amour, tu
    produis ton contraire?
Dés lors qu'on me plaist trop, ie com-
    mence à déplaire :
Et c'est assez pour moy que d'aymer
    tendrement,
Pour porter la tiedeur dans le cœur
    d'vn amant.
Ha! que si le dépit d'vn si sensible ou-
    trage ,
Auoit remply mon cœur de colere &
    de rage ;
Si la honte de voir qu'on me manquoit
    de foy,
M'eust touſiours fait haïr tous les
    Amans & toy :
Et qu'ils m'euſſent paru tout autant
    de Tircines,
Que i'aurois épargné de soupirs & de
    peines?
Mais helas ! que l'effet d'vn couroux
    languiſſant,
Eſt vn foible secours contre vn Dieu
    puiſſant ?
Ce Tircine inconstant, & ma gloire
    offencée ,

Éstoient encore presens à ma triste pensée :

Mille sombres vapeurs, mille soupçons
   ialoux,

Allumoient dans mon cœur la rage &
   le courroux :

Et ie ne respirois qu'horreur & que
   vengeance,

Lors que par vn effet de ta toute-puis-
   sance,

Tes feux, tes traistres feux rentrerent
   dans mon cœur,

Et placerent l'amour où regnoit la fureur.

Ie connus Clidamis, ie le vis charita-
   ble,

Il me parut d'abord & tendre & pi-
   toyable :

Il eut de mes mal-heurs tant de com-
   paßion,

Que bien loin de blâmer ma folle paf-
   sion,

Par des discours flatteurs il loüoit ma
   foibleße,

Et me disoit qu'vn cœur capable de
   tendreße.

Eftoit le plus beau don & le plus precieux,

Qu'on pouuoit receuoir de la bonté
des Dieux.

Clidamis me fut cher par cette complaifance,

Ses bontez m'infpiroient de la reconnoiffance :

Et fans beaucoup d'effort, comme on
voit chaque iour,

De la reconnoiffance on va iufqu'à
l'Amour.

Ie ne gardois mon cœur que du traitre Tireine :

Tant que pour cet ingrat ie fentois de
la haine,

Ie croyois que l'Amour n'ozeroit aborder,

D'vn cœur que le depit fembloit fi bien
garder :

Mais ie ne fçauois pas que colere, vengeance,

Haine, depit, courroux, tout cede à
ta puiffance :

Et que deuft-on fouffrir cent fois mefme tourment,

Le hazard qu'on en court, est vn hazard charmant.

En vain ie l'ignorois, Clidamis sçût
m'apprendre,

Que contre ses vertus on ne peut se
deffendre.

I'eûs beau representer à ma foible raison,

De mon premier Amant la noire tra-
hison :

I'eûs beau solliciter dans mes tristes
pensées,

Tant de Diuinitez qu'il auoit offen-
cées :

Vainement, vainement i'aurois recours aux Cieux,

Clidamis & l'Amour sont plus forts
que les Dieux.

Qui pouuoit détourner vn mal si re-
doutable,

Si Clidamis m'aimoit, & s'il estoit aymable ?

Il auoit mille appas, il m'en trouuoit
autant,

En vn mot il estoit vn Tireine con-
stant.

Ie cede donc , Amour, à tant d'aima-
    bles charmes ,
Et mes tendres foûpirs, mes regards,
    mes alarmes ,
Son nom fans y penfer prononcé mille
    fois ,
Luy firent cét aueu que refufoit ma
    voix.
Que d'innocens plaifirs nos mutuelles
    flammes
Firent alors goufter à nos deux tendres
    ames ?
Que les premiers momens des tranf-
    ports amoureux,
Pour des cœurs enflamez , font des
    momens heureux !
Mais vn départ caufé par des raifons
    cruelles ,
Conuertit nos plaifirs en des douleurs
    mortelles :
Et i'appris par les maux qu'il me fallut
    souffrir ,
Qu'il eft vn plus grand mal que de fe
    voir trahir.
Dans vn cœur qu'on trahit , l'amour
    cede à la rage :

Des peines qu'il ressent, le depit le
  soulage :

Et tant de passions y sont confusé-
  ment,

Qu'aucune ne sçauroit y reigner fortement.

Mais helas! dans les maux que fait naistre l'absence ,

Rien ne peut soulager qu'vn rayon
  d'esperance :

Et quand ce foible espoir tient tout
  seul dans vn cœur,

Contre tous les transports d'vne amou-
  reuse ardeur,

Contre mille desirs l'vn à l'autre con-
  traires ,.

Des soupçons mal fondez, des desseins
  temeraires,

Et cent autres tourmens qu'on ressent
  tous les iours;

Ha ! qu'vn peu d'esperance est vn foible secours !

Voilà, cruel Amour, voilà quelle est
  ma peine,

M'en trouues-tu trop peu pour assouuir ta haine ?.

Tu m'as fait negliger par vn Amant
    prefent,

Et tu me fais cherir par vn Amant ab-
    fent.

Vn mal que ie croyois le comble des
    miferes,

Eftoit vn bien au prix de mes douleurs
    ameres.

Pouffe ta rage à bout, fais vn dernier
    effort,

Amour, ie n'ay plus rien à craindre
    que la mort :

Apres la trahifon, le mefpris & l'ab-
    fence,

La mort feule a pouuoir d'augmenter
    ma fouffrance.

Mais quand ton intereft ne t'engage-
    roit pas,

A fauuer Clidamis des fureurs du tré-
    pas ;

Et que pour épuifer tout ton carquois
    funefte,

I'efprouuerois encor le feul trait qui te
    refte :

Ie n'implorerois pas fur ce point ta pi-
    tié,

De ce mal à venir i'en reſſens la moi-
tré.

Acheue, Dieu cruel, acheue ton ouurage :

Quand on ſent la moitié de ton dernier outrage,

Par vne prompte mort on peut ſe garantir,

De cet autre moitié qui reſte à reſſen-
tir.

ELEGIE II.

Amour, cruel amour, barbare, inexorable,
Tyran que t'ay-ie fait pour estre mise-
rable?
Ie t'ay plus reueré que tous les Immor-
tels,
Mon encens mille fois parfuma tes
Autels.
Lors que tu m'as rendu Philoxeine
pariure,
I'ay mesme dans mon cœur étouffé le
murmure,
Ie n'ay poussé vers toy que de tristes
soûpirs:
Et bien loin de former d'audacieux de-
sirs,
Dans les plus forts accez de ma dou-
leur extrême,

I'ay gardé du respect pour ton pouuoir
suprême.

Laisse moy respirer vn moment sur le
port,

Apres auoir souffert tant d'iniures du
sort :

N'es-tu pas satisfait d'auoir dés ma
naissance ,

Vsurpé sur mon cœur vne iniuste puis-
sance ?

D'auoir donné le cours à des torrens
de pleurs,

Et planté des Cyprez où tu cueillois
des fleurs ?

Cruel, que faut-il donc pour assouuir
ta rage ?

Ne donne-tu iamais de calme apres l'o-
rage ?

Es-tu plus inhumain que les flots irritez ?

Et veux-tu nostre sang apres nos liber-
tez ?

Helas ! qu'il est heureux qui dérobe
son ame,

Aux horribles tourmens que luy cau-
se ta flame !

Mais qu'il est mal-aysé de deffendre
  son cœur,

Quand tu veux fortement t'en rendre
  le vainqueur ?

En pensant t'éuiter on court à ta rencontre :

On braue le peril que la raison nous
  monstre :

Vn precipice affreux ne nous estonne
  pas :

Tes plus cruels tourmens ont pour
  nous des appas.

Ainsi malgré les maux qui menaçoient
  ma vie,

Rien ne pût m'empescher de ceder à
  Celie :

La diuine Celie, à qui l'on void les
  Dieux

Faire vn iuste present de leurs dons
  precieux.

Elle ne parut point à mes yeux insen-
  sible :

Et par le doux effet de ce charme inui-
  sible,

Qui sçait mettre en deux cœurs mesme
  inclination,

Elle vit sans aigreur naistre ma passion.

Dés le premier moment que ie luy fis
connoistre

Le feu que ses beautez dans mon cœur
ont fait naistre,

Elle se desarma de toute sa rigueur t

Et ie vis dans ses yeux vne douce langueur,

Qui sembloit m'exprimer par vn muët
langage,

Qu'elle agréoit dés lors mon amoureux seruage.

Helas ! que cet adueu me causa de
transport !

Et qu'il me fit benir la douceur de
mon sort !

Mais, Amour, tes plaisirs sont de peu
de durée,

Il n'est point sous tes loix de fortune
assurée :

Et dans vn mesme iour vn miserable
Amant

Voit naistre mille fois & mourir son
tourment.

A peine auois-ie dit mon amoureux
martire

A l'adorable obiet pour qui mon cœur
soûpire.

Que d'vn Pere cruel le barbare pouuoir,

Nous priue iniuſtement du plaiſir de
nous voir.

Tygre, quel mal vous font nos inno-
centes flames,

Que vous entreprenez de deſ-vnir nos
ames?

Ha! ne l'eſperez pas, tous vos efforts
ſont vains,

Nos ames ne ſont point l'ouurage de
vos mains :

Les Dieux en les formant par leur
toute-puiſſance,

Ont voulu les vnir au point de leur
naiſſance :

Cette belle vnion doit à iamais du-
rer,

Et meſme le Deſtin ne nous peut ſepa-
rer.

Mais que ſeruent helas! tant de pleintes
friuoles ?

Que font à mon Amour tant de vaines
paroles?

Les

Les coups que ie reçois de ce Pere inhumain,

Sont frapez de plus haut, & par vne
autre main.

Ce sont les Immortels qui causent ma
misere,

Mon amour a sans doute attiré leur
colere.

Depuis que ie me vis sous l'empire
amoureux,

Ce n'est plus vers le Ciel que i'adresse
me vœux :

Ie n'adore que vous, ma diuine Celie,

Pour vous i'ay mesprisé leur grandeur
infinie :

Et les Dieux irritez, de leur gloire ialoux,

Ont voulu m'en punir en me priuant
de vous.

Quoy ? ie ne verray plus vostre charmante bouche

Me dire : Licidas, vostre douleur me
touche ?

Ie ne vous verray plus, doux charme
de mes yeux ?

Ha ! non, cela n'est pas dans le pouuoir des Dieux :

Ie vous verray toufiours tant que i'au-
ray des yeux.

Quand pour m'en empefcher ils m'o-
fteroient la vie,

Ie vous verrois encore , adorable Celie :

Mon Efprit amoureux reuiendroit des
Enfers,

Vous dire ; Ie vous ayme, ô beauté que
ie fers.

POVR LE ROY.

SONNET.

LE peuple gemiſſoit accablé de mal-
heurs,
On ne voyoit par tout qu'vn horrible
carnage:
Le vice triomphoit, tout cedoit à ſa
rage,
Et le Ciel eſtoit ſourd à nos triſtes cla-
meurs.

Lors qu'à la fin touché de nos viues
douleurs,
Il voulut faire effort pour calmer cet
orage :
Pour nous ſeuls il forma ſon plus par-
fait ouurage ;
Et noſtre grand LOVYS vint eſſuyer
nos pleurs.

Dés le premier moment de cette Illuftre Vie,
On entendit crier le demon de l'enuie :
France, ne crains plus rien de l'enfer
  ny de moy;

Pour te rendre à iamais pompeuse &
  triomphante,
Le Ciel s'eft efpuifé pour te former vn
  Roy,
Et l'Efpagne void naiftre vne nouuelle
  Infante.

A MONSIEVR
LE CHANCELIER,

Pour luy demander mon Romant, qu'il avoit fait saisir.

ORgane glorieux du plus grand de
nos Rois,
Admirable SEGVIER, dont l'extréme
prudence
A toûiours soûtenu le Globe de la
France,
Et qui de cét Estat nous dispense les
Loix :

Vous qui par les accens d'vne diuine
voix,
Donnez aux actions leur digne recom-
pence ;
Et qui voyez souuent dans la iuste ba-
lance,
Le destin des mortels dependre de vos
doits :

58

Si tout enuironné de l'éclatante gloire,
Qui vous destine vn trône au Temple
    de Memoire,
Vous daignez écouter la voix de l'In-
    nocent;

I'oze vous supplier, Ministre magnani-
    me,
De ne pas étouffer vn ouurage naissant,
Dont les seuls ennemis ont causé tout
    le crime.

AVTRE.

NE vante plus, Amour, ta puiſſance
ſuprême,
Ne croy plus que tes traits faſſent
trembler les Dieux :
Il eſt temps de quitter tes titres glorieux :
Clidamis a douté de mon amour extrême.

Pour luy prouuer mon feu ie t'em-
pruntay toy-meſme,
Ie te fis de mon cœur vn Palais precieux :
Tu pouſſois mes ſoupirs, tu parlois par
mes yeux:
Cependant Clidamis peut douter ſi ie
l'aime.

Ah ! ſi tant de deſirs, tant d'amoureux
tranſports,

Pour prouuer mon ardeur sont de foi-
	bles efforts,
La mort est vne voye & meilleure &
	plus douce :

Et toy que ie croyois le Roy des Im-
	mortels,
Amour, mon desespoir fera voir à ta
	honte,
Que la mort icy bas merite tes Autel .

L'AVTRE

AVTRE.

NE formons plus, mon cœur, d'inutiles defirs,
De tes mal-heurs paffez, ie veux finir
l'Hiftoire :
Et bannir pour iamais de ma trifte me-
moire,
L'inexorable Auteur de tous tes def-
plaifirs.

Reprenons auiourd'huy nos tranquilles plaifirs,
Remportons fur nous mefme vne illuftre victoire :
Songeons à noftre honneur, fongeons
à noftre gloire,
Et fongeons au mefpris qu'on fait de
nos foûpirs.

Il eft vray que Tircis a d'adorables
charmes :

Mais l'ingrat nous neglige, il mesprise
    nos larmes.
Faisons, pour l'oublier, vn genereux
    effort:

C'est l'vnique moyen de conseruer ma
    vie;
Mais qu'il est malaisé d'en conceuoir
    l'enuie!
Viure sans voir Tircis, est bien pis que
    la mort.

POVR MADEMOISELLE

DE MONTBASON.

SONNET.

DEpuis voſtre depart, addrable
Princeſſe,
Les ieux & les plaiſirs, ſont banis de
ces lieux:
Les graces & les ris ont ſuiuy vos beaux
yeux,
Et l'on ne voit icy que pleurs & que
triſteſſe.

Il ſemble que le cours dans nos maux
s'intereſſe :
Depuis qu'on n'y voit plus le chef-
d'œuure des Cieux,
On n'y trouue plus rien qui ne ſoit en-
nuyeux,

Il n'a plus de verdeur, de frais, ny d'a-
   legreſſe.

Par vn heureux retour appaiſez vos
   douleurs,
Rendez à nos iardins leurs Zephyrs &
   leurs fleurs :
Et pour faire en vn iour toutes ces
   grandes choſes,

Pour remener icy l'agreable ſaiſon,
Pour nous rendre nos lys, nos œillets,
   & nos roſes,
Reuenez à Paris, diuine Montbaſon.

AVTRE.

IMpetueux tranfports d'vne ardeur
  infenfée,
Douces illufions qui feduifez nos fens,
Souuenirs qui rendez mes efforts lan-
  guiffans,
C'eft trop long-temps regner dans ma
  trifte penfée.

Malgré tous vos appas vous ferez ef-
  facée,
Fatale impreffion de tant d'attraits
  puiffants :
Mouuemens indifcrets, fi doux & fi
  preffans,
Ie vous immole tous à ma gloire offen-
  cée.

Mais, quel trouble fecret s'oppofe à
  mes deffeins ?
Quel defordre imprevû rend ces mouuemens vains?

Que me demandes-tu, cœur ingrat &
    rebelle ?

Si l'honneur & la foy ne te peuuent
    guerir,
Pour éuiter les noms de foible & d'in-
    fidelle,
Lâche, montre du moins que tu sçais
    bien mourir.

AVTRE.

PHilis, dans l'amoureux Empire,
   Qu'on goûte de contentemens!
Et que les peines des Amans,
Cauſent vn aymable martyre!

Qu'on eſt heureux quand on ſoûpire !
Et que les plus rudes tourmens
Sont payez par de doux momens,
Qᵘand on obtient ce qu'on deſire!

Il eſt vray qu'eſtant amoureux,
Et loin de l'obiet de ſes vœux,
On ſent vne douleur extréme.

Mais quand on reuoit ſes amours,
Vn moment prés de ce qu'on ayme,
Repare mille mauuais iours.

MADRIGAL.

EN vain tu veux me secourir,
Raison, ie ne veux pas guerir:
De ses maux mon cœur est complice.
Cessez de tourmenter mes esprits aba-
    tus,
Faux honneur, faux deuoir: si l'amour
    est vn vice,
C'est vn vice plus beau que toutes les
    vertus.

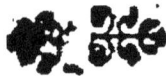

MADRIGAL.

L'On a banny la complaisance,
On n'a plus de respect, on n'a plus
de constance :
Helas! on ne sçait plus aymer.
Amour, dont le pouuoir autrefois fut
extreme,
N'entreprens plus de me charmer :
Ou me fais vn Amant qui soit digne
qu'on l'ayme.

A MADEMOISELLE
DE MONTBASON.
ESTREINES.
MADRIGAL.

Diuine Montbazon , ie penſois
  vous offrir ,
Au premier iour de l'an mon humble
  obeïſſance ,
Pour marque de reconnoiſſance ,
De l'extreme bonté qui vous fait me
  ſouffrir.

I'ay cherché dans mon cœur ſon reſ-
  pect & ſon zele.
Mais il m'a dit : Helas ! tes ſoins ſont
  ſuperflus,
Dez le premier moment que ie m'ap-
  prochay d'elle,
Ie me donnay moy-meſme, & ne puis
  rien de plus.

MADRIGAL.

Sur la rencontre impreueuë d'vn Amant.

AMour, ton pouuoir est extreme,
Tu triomphes de ma rigueur:
Et ie m'aperçois que mon cœur,
Est bien plus à toy qu'à moy-mesme.
Auiourd'huy i'ay vû mon amant,
Mon cœur l'a retrouué charmant,
Mes yeux ont trahy mon courage :
Et par leurs regards adoucis,
Ils ont dit d'vn muét langage :
Ha ! ie t'aime encore, Tircis.

AVTRE.

TOy qui me demandes ſans ceſſe,
Quelque ſoulagement à l'ardeur qui te preſſe,
Thircis, eſpargne ma pudeur;

Tu ne connois que trop, à quoy l'amour m'engage.
Helas ! ie t'ay donné mon cœur,
Faut-il t'en dire dauantage?

AVTRE.

VOus que rien ne peut attendrir,
Et dont la fierté sans seconde,
Laisse cruellement mourir,
Le plus fidelle Amant du monde :
Ha ! pour punir vostre rigueur,
Et pour venger le mal-heureux Philei-
ne,
Que n'ay-ie vos appas, adorable Cli-
meine ?
Où bien que n'auez-vous mon cœur?

AVTRE.

QVand vous auez trouué ce moment fauorable,
Où mon corps de langueur feignoit
d'estre abatu:
Hé! pourquoy luy prester vostre main
secourable?
N'auois-ie pas assez de toute ma vertu?

STANCES.

BEau pré, charmante solitude,
Si chere à mon inquietude,
Où i'exhale tous mes soûpirs:
Cher confident de mon Martyre,
Helas! quand oseray-ie dire,
Ce que tu sçais de mes desirs?

Souuent sur vn lict de verdure,
Resuant à l'aimable murmure
Du ruisseau qui laue tes bords:
Tu vis quelle fut ma constance,
Qui voulut combattre l'absence,
Par cent inutiles efforts.

Beau ruisseau, si tu vois la plaine,
Qui sert de borne à la Seine,
Cherche l'obiet de mes douleurs:
Mes larmes ont grossy ta source,
Mes soûpirs ont hasté ta course:
Rends-luy mes sanglots & mes pleurs.

Mais helas! que dif-ie infenfée?
Quelle criminelle penfée
S'offre à mon efprit abatu?
Non, ruiffeau, cache mon martyre.
Ce qui t'ordonne de le dire,
Eft plus foible que ma vertu.

Quelques efforts que l'amour faffe,
Ie paroiftray toute de glace,
Quand ie me fentiray brûler.
O vertu! puis-que tu l'ordonnes,
Ie fuiuray la loy que tu donnes,
Et mourray plutoft que parler.

AVTRE.

De vers irreguliers.

I'Auois cru tousiours impossible,
Que mon superbe cœur se rendist à
l'amour:
Mais il n'estoit pas inuincible,
Et Clidamis voyoit le iour.

L'amour ne m'eust iamais soumis,
Ie méprisois son vain seruage:
Mais helas ! i'ay vû Clidamis,
Faut-il en dire dauantage?

Triomphe, Amour, fier Tyran de mon
ame,
En vain i'aurois recours à ma foible rai-
son:
Mon cœur cherit ce qui l'enflame,
Et ne veut pas sa guerison.

H

LETTRE A VN HOMME
qui m'auoit escrit, pour me prier de
luy expliquer vn soûpir, que sa
Maistresse auoit fait.

J'aurois plutost fait réponce à la lettre que vous m'auez fait l'honneur de m'écrire, si i'estois plus accoûtumée que ie ne la suis, à faire le mestier de confidente. Mais ie vous aduoüe qu'il est si nouueau pour moy, que ie ne sçay encore par où m'y prendre.

Enfin, si ie n'ay pas cette beauté tou-
    chante,
Qui consume vn cœur d'vn regard:
Ie pense meriter vn peu plus pour ma
    part,
Que le titre de confidente.

Ce n'est pas que la bonne opinion qnc i'ay de mon merite, m'aueugle ius-

ques à me faire croire que ie doiue rem-
plir la premiere place de voſtre cœur :
non Monſieur ,

Ie laiſſe le rang de Maiſtreſſe,
A qui peut mieux le ſouſtenir:
Mais entre vn grand amour , & la ſim-
   ple tendreſſe ,
Il eſt certain milieu que ie pourrois te-
   nir.

Ie veux dire, Monſieur, afin de m'expliquer mieux , que ſans faire tort à voſtre diſcernement, vous auriez pû auoir
auec moy de ces amuſemens galands ,
qui ſans cauſer les inquietudes de l'a-
mour, s'eleuent pourtant au deſſus de la
tiedeur qu'on a d'ordinaire pour ſes
confidentes. Quand on a de ces intri-
gues commodes auec les perſonnes faites comme moy, l'on ne ſoûpire point
pour elles: mais on eſt aſſez aiſe de leur
cacher les ſoûpirs qu'on pouſſe pour les
autres.

On leur dit quelques fois qu'elles ſont

agreables.

Qu'on craint de les aimer, qu'elles font
redoutables,

Et qu'on ne peut les oublier.

La Dame ne croit point ces difcours
vcritables,

Et traitte affez le Caualier,

De proteftant bannal, & de conteur de
fables.

Cependant on l'écoute, & l'on s'en
diuertit.

On répond en riant à tout ce qu'ila
dit.

Or oftez de l'amour le refte du myfte-
re,

Les helas, les foûpirs, le grand emportement.

Les ialoufes fureurs, le dedain, la colere:

Il ne reftera plus que cet amufement,

Qui ne peut toute-fois fe nommer vne
affaire;

Car le galand dehors, on ne s'en fou-
uient guére,

Et luy de fon cofté nous oublie aifé-
ment.

Voila, Monfieur, ce que i'attendois
de vous, fans trop prefumer, ce me
femble, de mes charmes. Mais vous m'a-
uez détrompée, en debutant de plain
pied par vne honnefte confidence, comme vous auez fait : & puis qu'il plaift
ainfi à la mediocrité de mes attraits,
nous nous en tiendrons à la fimple fra-
ternité, & vous & moy.

Me voila fort bien partagée:
Et loin d'en conceuoir vn bizarre de
   pit,
Ie dois vous eftre obligée:
Vous me traittez du moins, fort en fil-
   le d'efprit.

Ce n'eft pas que vous ne faffiez vn
peu plus d'honneur à ma prudence,
qu'à ma ieuneffe : mais ce qui me con-
fole,

C'eft qu'on fçait qu'aux ames bien nées,
La vertu n'attend pas le nombre des années.

Vous voyez comme vn peu de me-
moire nous tire d'affaire à point nómé,
& que Corneille est quelques fois d'vn
grand secours. Mais cependant, ie l'ay
inutilement fueilleté sur le chapitre du
Soûpir, & ie n'y ay rien trouué, qui puis-
se satisfaire vostre curiosité : à son def-
faut ie me seruiray de ces deux vers,
que i'ay vû dans quelqu'autre lieu.

Quand on veut dire, i'aime, & qu'on ne
  l'oze pas,
Le cœur à poinct nommé nous fournit
  vn helas.

Ou si vous voulez:

Quand on veut exprimer vn amoureux
  desir,
Le cœur à poinct nommé nous fournit
  vn soûpir.

Voila, Monsieur, toutes mes autho-
ritez : si elles ne sont pas valables, n'en
accusez que mon peu d'experience, auec
le temps ie prendray des tablatures.

Et pour contenter vos defirs,
Ie deui.ndray fi fçauante en foûpirs,
Que par certain efprit que ie croy pro-
phetique ,
Dés auiourd'huy i'oze bien vous iurer,
Que ie les reduiray par ordre Alphabe-
tique,
Et que i'enfeigneray l'art de bien foû-
pirer.

AVTRE.

En forme de Portraict.

VOus me mettez dans vne estrange necessité , en me monstrant
tous les iours de nouueaux effects de
la bonté de nostre Prince , sans me
donner les moyens de m'en rendre digne. On vous escrit obligeamment en
ma faueur , on témoigne qu'on m'esti-
me ; & tout ce que ie pourrois faire
en toute ma vie , ne sçauroit m'ac-
quitter de la moindre partie de ce
que ie dois à cette generosité. Que se-
ray-ie donc?& comment accorder deux
choses aussi éloignées , que les témoi-
gnages de bienueillance d'vn si grand
Prince , & le pouuoir d'vne personne
comme moy ? Si ie donnois ma vie pour
son seruice, ie ne luy ferois pas vn grand
present: & i'osterois du monde vne personne

fonne, qui toute indigne qu'elle eft de
porter le titre de fa feruante , ne laiffe
pas de fouhaitter affez de meriter cette
glorieufe qualité , pour aimer encore à
viure. Ie referueray donc les facrifices
fanglans pour d'autres occafions : &
puis que ceux d'amour ne font ny à fon
vfage ny au mien, ie croy qu'il eft à pro-
pos de ne luy en faire que defpirituels.
Que n'ay-ie l'efprit de tout le monde
enfemble, pour loüer dignement l'hôme
du monde qui merite le mieux d'eftre
loüé: Mais quand cela feroit, ie ne pourrois rien dire qui n'euft defia mille fois
efté dit : & ie croy que le feul moyen
que i'ay de publier fes loüanges , c'eft
de faire fon Portrait.

Galante Mufe des Portraits,
Quittez pour ce deffein voftre facré
    bocage:
Accordez moy pour cet ouurage,
Les plus delicats de vos traits :
Peignés dans leur éclat toute la probi-
    té,
Les nobles fentimens, la generofité,

I

Le plus solide esprit, le cœur le moins
    pariure :
Et tous ces traits estant vnis,
Vous ne ferez encor qu'vne foible
    pinture
De la belle ame d'Artenis.

Ne vous semble-t'il point estrange que
ie mette le nom d'Artenis au bas de ces
vers ; & qu'au lieu de celuy de quelque
Heros, ie me sois seruie d'vn, qui seroit
mieux apliqué à vn Berger, qu'à vn
grand Prince ? Peut-estre croyez-vous
que la rime m'a forcée à faire ce que
i'ay fait. Ce n'a pourtant point esté cette raison : mais c'est qu'il m'a semblé,
que ce nom d'Artenis me donnoit vne
idée plus conforme à la foiblesse de
mon genie, que ne l'eut pû faire vn non
plus releué. Sans cette innocente ruse,
ie n'aurois iamais eu l'audace de faire le
Portrait que i'ay entrepris ; mais à l'ai-
de de mon nom champestre, ie sens bien
que ie puis continuer de vous dire ce
que ie croy de l'incomparable Artenis.
Sa sincerité est si exacte, qu'il ne vou-

droit pas achepter le plus grand des biens par le moindre des mensonges. Il est si fort ennemy de la ruse & de l'artifice, qu'il ne les pratiqueroit pas mesmes en amour, où l'vsage les a renduës non seulement permises, mais necessaires. Ie luy croy l'ame reconnoissante & genereuse, l'esprit grand & ferme : & ie ne doute point, que si l'on occupoit sa valeur il ne surpassast ses Illustres Ancestres, bien que les moindres ayent esté d'inuincibles Heros. Enfin, ie le croy tel, qu'il merite d'estre parfaittement honoré de tout le monde: & i'envie le bon-heur de ceux qu'il a la bonté de considerer. S'il s'amuse à lire cette lettre, il fera connoistre qu'estant capable de toutes les grandes choses, il fait les petites auec la mesme facilité, que s'il n'estoit né que pour elles. Cet illustre Prince seroit seul l'obiet de mon admiration, s'il n'auoit vne diuine Espouse qui merite bien de la partager auec luy. Ie ne puis mieux loüer l'vn & l'autre, que par ce peu de mots.

Elle est digne de luy, comme il est digne d'elle;
Ils sont dignes tous deux d'vne gloire
immortelle.

A

MONSIEVR DV B.

Billet.

DEpuis le iour de noſtre connoiſſance, ie n'ay pas trop de ſuiet de
me plaindre de vos ſoins. Vous me
cherchez auec empreſſement, & malgré voſtre pareſſe naturelle, il ne ſe paſſe
guére de iours que ie ne reçoiue vne de
vos viſites. Il me ſemble meſmes, pour
me voir ſi ſouuent, que vous ne vous
ennuyez pourtant point auec moy.
Vous trouuez, dites-vous, mon en-
tretien charmant : & lors qu'il ſe trouue vne occaſion de blamer les petites
courſes en Prouince, vous le faites
d'vne maniere à faire iuger, que vous
craignez déia mon abſence. I'ay meſme oüy dire à des gens fort croyables,

que lors-que l'occasion se presente de
parler de moy, vous faites admirable-
ment bien vostre devoir, & me loüez
avec emportement. Tout cela a de l'air
de quelque chose, mon cher Monsieu :
& si vous voulez qu'en confidence ie
vous oüure mon cœur là dessus, vous
auez la mine de m'aimer, ou peu s'en
faut. Vous direz peut-estre, que ie suis
bien vaine, & qu'il n'est pas autrement
sage, que ie vous dise ce que ie pense.
Mais ou toutes les apparences sont faus-
ses, ou vous en tenez, mon Braue, assurément. Car enfin,

Depuis le iour de nostre connoissance,
Vous me cherchez avec empressement:
Vous trouuez, dites-vous, mon entre-
   tien charmant,
Vous craignez desia mon absence,
Et me loüez avec emportement.
Si vous voulez qu'en confidence,
Ie vous dise ce que i'en pense:
Vous en tenez, mon Braue, assurément.

A

MADAME DE LA B....

VOus faites grand tort à voſtre merite (Iluſtre Bergere) ſi vous
croyez que vos Bocages vous derobent
à la connoiſſance du monde & que voſtre gloire ſoit renfermée dans voſtre
hameau, parmy des Bergers, & parmy
des Moutons. On ſçait bien vous de-
meſler tout cela.

Et malgré voſtre humeur champeſtre,
Vne fameuſe Lyre icy nous fait conne-
    ſtre,
Que les beaux chiffres de Nanon,
Et de ſon fidelle Damon,
Sont grauez par l'Amour ailleurs que
    ſur le heſtre.

Ouy, Diuine Bergère, le bronze ne

veut plus le ceder à l'escorce des Pins
& des Cedres : Apollon commance à
porter enuie au bon-heur du Dieu
Pan : les Nymphes de la Seine sont ia-
louses des Dryades de vostre solitude ;
& certain esprit Prophetique m'inspire.

Qu'auant que le Soleil ait acheué son
    tour,
Les Dieux feront cesser vostre absence
    cruelle :
Et qu'à iamais espris d'vne ardeur mu-
    tuelle,
Vous iouyrez en paix du fruit de vostre
    amour.

A MONSIEVR
LE COMTE DE
SERRAN.

Epuis que vous me diftes chez vous, que Madame la Duchesse d'Orleans eftoit malade, i'ay fait inceffamment des imprecations contre fa maladie ; & ie n'ay pû me reprefenter, qu'vne Princeffe qui a tât de belles qualitez fut fuiette aux mefmes incommoditez que le refte des mortels. Sans me plaindre du Deftin, qui la foûmet à cette neceffité , ie fçay bien que cette confideration eft au deffus d'vne perfonne de ma portée, & que tout ce qui arriue à vne Princeffe du Rang de fon Alteffe Royale, doit eftre regardé par nous, comme des myfteres facrez, que

nous ne pouuons penetrer fans vne ef-
pece de facrilege. De plus , comme ie
n'ay iamais eu l'honneur d'approcher
de Madame, vous me traitteriez fans
doute,côme ces Autheurs chimeriques
qui paffent toute leur vie à faire des
Traittez des Efpaces Imaginaires , ou
de quelqu'autre chofe femblable. Mais
Monfieur,il femble que ie merite vn
peu plus d'indulgeance: car bien que ie
n'aye iamais eu la gloire de parler à
fon Alteffe Royale :

Sa vertu toutes-fois ne m'eft pas in-
    connuë.
Ie fçay quel eft fon éclat fans pareil:
Ceux qui font priuez dela veuë,
Ne doutent pourtant point qu'il ne
    foit vn Soleil.

Ie n'ay donc pas befoin du témoigna-
ge de mes yeux en cette rencontre : &
nonfeulement ie fçay que Madame eft
au monde ,mais ie fçay de plus , qu'elle en fait vn des principaux ornemens;

9

Qu'elle eſt vn beau Rameau de deux
  Royales Tiges ,
Qui peuplent l'Vniuers de Heros Cou-
  ronnez:
Qu'elle ſort de deux Rois , à qui furent
  donnez,
Les moyens aſſeurez de faire des pro-
  diges:
Et que pour maintenir ſa gloire,
L'eſclat de cent charmes diuers,
Luy ſoûmettent vn cœur, dont l'illuſtre
  victoire
Vaut l'Empire de l'Vniuers.

Apres cela, Monſieur, ne m'eſt il pas
en quelque façon permis de m'enque-
rir de ſa ſanté ? Et ſeray-ie accuſée d'a-
uoir vne curioſité temeraire, ſi ie prens
la liberté de vous en demander des
nouuelles ? Ie m'adreſſe à vous pluſtoſt
qu'à tout le reſte du monde , car ie ſuis
aſſez bien inſtruitte du ze'e que vous
auez pour Monſeigneur le Duc d'Orleans, pour croire que vous eſtes parti-
culierement informé de ce qui le touche : & puis , vous eſtes Monſieur de
Serran.

Ce nom seul me rend excusable;
Pour depeindre en vn mot vn Sei-
   gneur obligeant,
Genereux, franc & secourable,
Il ne faut que nommer, de Bautru, de
   Nogeant.

Cette verité me fut connuë dez le
premier iour que i'eus l honneur de
voir Monsieur vostre pere: & l'extreme
ciuilité que ie rrouuay ensuite en
Mesdemoiselles vos filles, me prouua
fortement ce qu'on m'auoit desia dit
plusieurs fois, que la Vertu n'a point de
sexe. I'espere de vous & d'elles, Monsieur que vous aurez la bonté, d'ap-
prouuer la liberté que ie prends auiourd'huy, & que vous me permettrez
de disputer à tout le monde, la qualité
de,

A MONSIEVR DE...

IL ne tient pas à moy, Monſieur, que
ie ne m'acquite de la promeſſe que
ie vous fis hier, de vous donner quelques vne des fleurs du Parnaſſe, pour les
agreables parfums que vous m'auez
fait la faueur de m enuoyer. I'ay dez ce
matin coniuré le cœur des Muſes, de
m'inſpirer quelque petite action de
grace, digne du preſent que iay receu
de vous. Mais grand Dieu, qu'il eſt
difficile dans le ſiecle où nous ſommes,
d'obtenir vne audiance de ces Demoi-
ſelles! A peine ay-ie commencé d'ou-
urir la bouche, que i'ay entendu vne
voix qui m'a dit interieuſement:

Retire toy d'icy de grace:
Les Heros & les demy-Dieux
Occupent aſſez le Parnaſſe:
Laiſſe nous en repos, mortel audacieux.

Auſſi-toſt que ce commandement a
eſté fait, i'ay remarqué pluſieurs perſonnes qui s'y ſont ſoûmiſes : & il m'a
ſemblé meſme, que celles qui le fai-
ſoient auec le plus de promptitude,
eſtoient les plus cheries des Muſes ; car
elles en auoient au moins quelque
compaſſion. Mais pour ceux qui vou-
loient leur arracher par force des faueurs, elles pronoçoiennt mille ſen-
tences mortelles contr'eux, & contre leurs ouurages. Cependant les
exemples ne m'ont point corrigée, &
l'habitude que i'ay auec les Muſes,
m'ayant fait eſperer qu'elles ne deſap-
prouueroient pas ma hardieſſe ; i'ay
pourſuiuy mon deſſein. Mais par mal-
heur pour moy, la premiere à qui ie
me ſuis adreſſée, s'eſt trouué eſtre Clio,
la plus ſerieuſe de toutes.

Retire toy d'icy, mortelle,
(M'a dit la ſeuere Pucelle,)
Laiſſe moy poſſeder le bien dont ie
 ioüys :

Ie ne puis te parler : mon ieune Temeraire :

I'ay bien vne plus noble affaire,
l'eſcris l'Hiſtoire de LOVIS.

Alors elle m'a monſtré pluſieurs plac-
ques d'airain, ſur leſquelles ſont grauées
toutes les actions de noſtre Grand Monarque. Mais ce n'eſt pas à vne plume
comme la mienne, à faire la relation
de tout ce que i'ay veu. Ainſi ie me ſuis
contentée de l'admirer ; & laiſſant la
Muſe dans ſa glorieuſe occupation , ie
me ſuis addreſſée à toutes les autres :
Mais ce n'a pas eſté plus vtilement.

Dans ce moment la ſçauante Vranie,
Eſtoit en conference auecque le deſtin:
Ils traitoient (m'a-t'on dit) du bon-
   heur du Dauphin,
A qui le Ciel promet vne gloire infi-
  nie.
Caliope diſoit, que pour cette Naiſſan-
  ce,
Elle auoit tant fourny de vers,
Qu'il n'eſtoit plus en ſa puiſſance,
D'en donner de trois mois vn ſeul à l'V-
  niuers.

Ie ne sçay si c'estoit vne honneste def-
faite:

Mais elle protestoit que le docte Se-
iour,

Estoit presentement en si grande diset-
te,

Que les pouruoyeurs de l'Amour,

Qui viennent y chercher la douce
chansonnette,

Les madrigaux & la fleurette,

N'en pouuoient plus trouuer de quoy
fournir la Cour.

Et pour dernier mal-heur, la charmante Thalie,

De qui la veine si iolie,

Calme si doucement l'ennuy,

A certain fauory qu'on appelle Molie-
re,

Qui possede auiourd'huy sa faueur toute entiere:

La Muse ne fait plus d'ouurages que
pour luy.

I'ay donc esté contrainte de m'en re-
uenir, toute côfuse de n'auoir pû trouuer les Muses fauorables. Mais, Mon-

sieur, en recompenfe, c'eft dans la plus
fincere Profe du monde, que ie vous
protefte que ma reconnoiflance ne fi-
nira qu'auec voftre generofité ; &
ie pretens dire par là , qu'elles feront
immortelles toutes deux. Souuenez
vous de grace, que la Profe eft le langage du cœur, & que c'eft de cette maniere qu'on publie d'ordinaire les ve-
ritez auffi conftantes, que celle que ie
vous dis, en vous affurant que ie fuis,

MONSIEVR,

Voftre tres-humble & tres-
obeiffante feruante ,
DESIARDINS.

K

PRIVILEGE DV ROY.

LOVIS PAR LA GRACE DE DIEV,
Roy de France & de Nauarre ; A nos
amez & feaux Conseillers , les Gens tenans
nos Cours de Parlement , Maistres des Reque-
stes ordinaires de nostre Hostel , Baillifs, Se-
neschaux , Prevosts , leurs Lieutenans , & à
tous autres nos Iusticiers & Officiers qu'il appartiendra ; Salut. Nostre amé CLAVDE
BARBIN Marchand Libraire de nostre bonne Ville de Paris, Nous a fait remonstrer qu'il
luy a esté mis entre les mains des Poësies inti-
tulées, *Les Poësies de Mademoiselle des Iardins.*
qu'il ne peut faire imprimer sans nos Lettres
sur ce necessaires, qu'il Nous a tres-humble-
ment requises. A CES CAVSES , Nous auons
permis & permettons par ces presentes audit
Exposant, de faire imprimer, vendre & debiter lesdites Poësies, en tel volume & caractere
que bon luy semblera , pendant le temps &
espace de six années, à commencer du iour
que sesd tes Poësies auront esté acheuées d'imprimer pour la premiere fois ; faisant tres-ex-
presses inhibitions & deffences à toutes person-
nes de quelque qualité qu'elles soient , d'imprimer, vendre & debiter , fai e imprimer ou
contrefaire lesdites Poësies, sans la permission

& consentement dudit Exposant, ou de ceux qui auront droit de luy, à peine de mille liures d'amende, & de tous despens, dommages & interests, & de confiscation des exemplaires; à la charge qu'il en sera mis vn exemplaire de chacun liure desdites Poësies dans nostre Cabinet du Chasteau du Louure; deux en nostre Bibliotheque publique, & vn en celle de nostre cher & feal le sieur Seguier Comte de Guyen, Chancelier de France, auant que de l'exposer en vente suiuant nostre Reglement: comme aussi à faute de rapporter és mains de nostre amé & feal Conseiller en nos Conseils de present en quartier, grand Audiencier de France, vn recepicé de nostre Bibliothequaire & du sieur Cramoisy, commis par nostredit Chancelier à la deliurance actuelle desdits exemplaires; Nous auons dés à present declaré ladite Permission d'imprimer nulle, & auons enioint aux Sindics des Libraires de faire saisir tous les exemplaires qui auront esté imprimez sans auoir satisfait aux clauses portées par ces presentes. SI VOVS MANDONS que de ces presentes vous ayez à faire iouïr ledit exposant pleinement & paisiblement, contraignant tous ceux qu'il appartiendra par toutes voyes deuës & raisonnables, & à nostre Huissier ou Sergent sur ce requis, faire pour l'execution d'icelles tous exploits necessaires, sans demander autre permission : CAR tel est nostre plaisir. DONNE' à Paris le cinquiesme iour de Feurier, l'an de Grace mil six cens soixante-

deux ; Et de noſtre Regne le dix-neufieſme.
Par le Roy en ſon Conſeil : LE MARESCHAL.
Et ſcellé du grand Sceau de cire jaune.

Regiſtré ſur le Liure de la Communauté des
Libraires & Imprimeurs de cette Ville, ſuiuant
l'Arreſt de la Coue de Parlement du 8. Auril
1653. le 20. Feurier 1662. aux conditions portées par ledit Priuilege. Signé, I. DVBRAY.
Syndic.

Les Exemplaires ont eſté fournis.

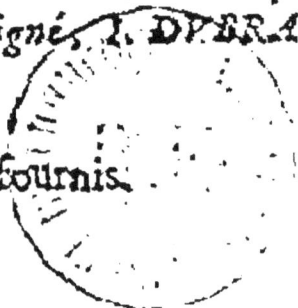

www.ingramcontent.com/pod-product-compliance
Lightning Source LLC
Chambersburg PA
CBHW060622100426
42744CB00008B/1467